L'ARBRE AUX ACCENTS
Des livres qui parlent en deux langues

Cette collection propose
trois livres par pays :
cuisine, contes,
nouvelles contemporaines.

Les premiers triptyques
concernent
le Pérou, la Grande-Bretagne,
l'Iran, l'URSS, l'Allemagne,
la Pologne, le Viêt-nam...

Nous voulons remercier ici la Fondation pour le Progrès de l'Homme
sans qui ce projet n'aurait jamais vu le jour.

Collection animée par l'association
des Amis de l'Arbre à Livres.

L'ARBRE
AUX ACCENTS
BILINGUE

Textes et illustrations :
May Angeli

CUISINE
DE FRANCE

COOKING
FROM FRANCE

Traduction : Joséphine de Linde

SYROS
ALTERNATIVES

"Food for the senses..."

My! What a fine meal I had that morning.

— A slice of roast lamb, a mountain cheese, a jam made from grapes, figs, muscat grapes.
Washed down with a good Châteauneuf-du-Pape which is such a pretty colour in the glass...

Alphonse Daudet
« Lettres de mon moulin »

« Les nourritures terrestres »...

Dieu ! le joli repas que j'ai fait ce matin-là.

— Un morceau de chevreau rôti, du fromage de montagne, de la confiture de moût, des figues, des raisins muscats. Le tout arrosé de ce bon Château-neuf-du-Pape qui a une si belle couleur rose dans les verres...

Alphonse Daudet
« Lettres de mon moulin »

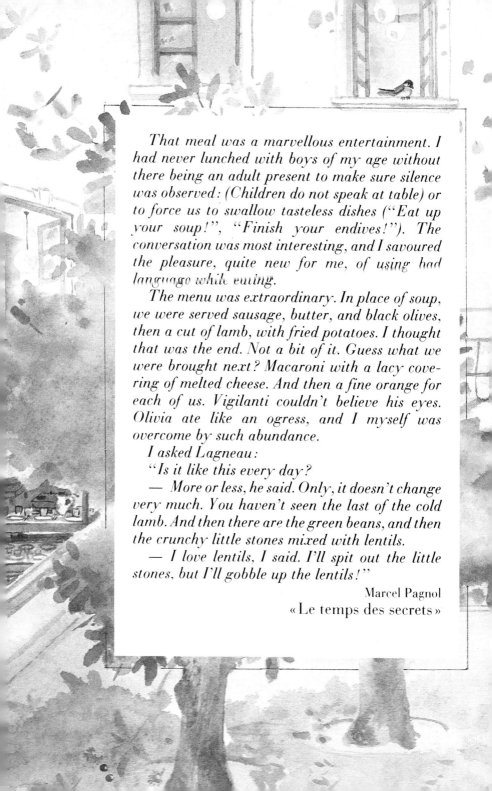

That meal was a marvellous entertainment. I had never lunched with boys of my age without there being an adult present to make sure silence was observed: (Children do not speak at table) or to force us to swallow tasteless dishes ("Eat up your soup!", "Finish your endives!"). The conversation was most interesting, and I savoured the pleasure, quite new for me, of using bad language while eating.

The menu was extraordinary. In place of soup, we were served sausage, butter, and black olives, then a cut of lamb, with fried potatoes. I thought that was the end. Not a bit of it. Guess what we were brought next? Macaroni with a lacy covering of melted cheese. And then a fine orange for each of us. Vigilanti couldn't believe his eyes. Olivia ate like an ogress, and I myself was overcome by such abundance.

I asked Lagneau:

"Is it like this every day?

— More or less, he said. Only, it doesn't change very much. You haven't seen the last of the cold lamb. And then there are the green beans, and then the crunchy little stones mixed with lentils.

— I love lentils, I said. I'll spit out the little stones, but I'll gobble up the lentils!"

Marcel Pagnol
« Le temps des secrets »

Ce repas fut une merveilleuse récréation. Je n'avais jamais déjeuné avec des garçons de mon âge, sans aucune grande personne pour nous imposer le silence : («Les enfants ne parlent pas à table!») ou nous forcer à déglutir des mets insipides («Mange ta soupe!», «Finis tes endives!»). La conversation fut d'un grand intérêt, et je savourai le plaisir, tout nouveau pour moi, de dire des gros mots en mangeant.

Le menu fut extraordinaire. Au lieu de soupe, on nous donna d'abord du saucisson, du beurre, et des olives noires, puis une tranche de gigot, avec des pommes de terre frites. Je croyais que c'était fini. Pas du tout. On nous apporta devinez quoi? Des macaronis recouverts d'une espèce de dentelle de fromage fondu! Et puis, une belle orange pour chacun. Vigilanti n'en revenait pas, Olivia mangeait comme un ogre, et j'étais moi-même stupéfait d'une telle richesse!

Je demandai à Lagneau :

«C'est comme ça tous les jours?

— A peu près, dit-il. Seulement, ça ne change guère. Du gigot froid, tu n'as pas fini d'en voir. Et puis des haricots, et puis de petites pierres craquantes, mélangées à des lentilles.

— Moi, j'adore les lentilles, dis-je. Les petites pierres je les jetterai, mais les lentilles, je les boufferai!»

Marcel Pagnol
«Le temps des secrets»

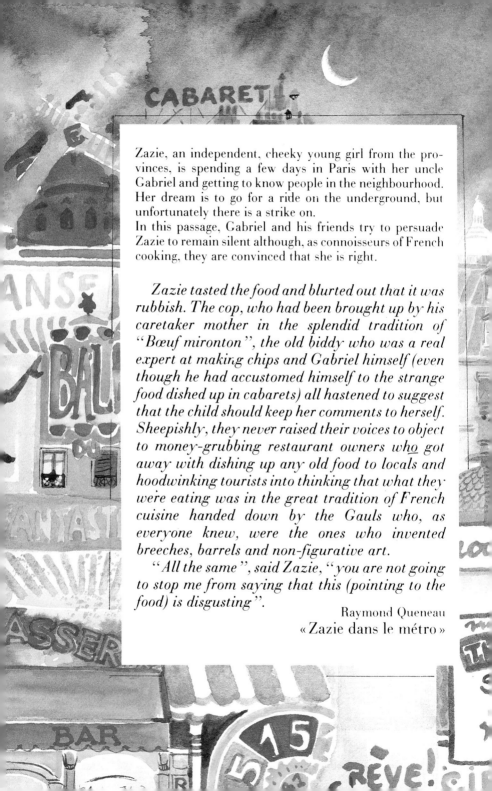

Zazie, an independent, cheeky young girl from the provinces, is spending a few days in Paris with her uncle Gabriel and getting to know people in the neighbourhood. Her dream is to go for a ride on the underground, but unfortunately there is a strike on.
In this passage, Gabriel and his friends try to persuade Zazie to remain silent although, as connoisseurs of French cooking, they are convinced that she is right.

Zazie tasted the food and blurted out that it was rubbish. The cop, who had been brought up by his caretaker mother in the splendid tradition of "Bœuf mironton", the old biddy who was a real expert at making chips and Gabriel himself (even though he had accustomed himself to the strange food dished up in cabarets) all hastened to suggest that the child should keep her comments to herself. Sheepishly, they never raised their voices to object to money-grubbing restaurant owners who got away with dishing up any old food to locals and hoodwinking tourists into thinking that what they were eating was in the great tradition of French cuisine handed down by the Gauls who, as everyone knew, were the ones who invented breeches, barrels and non-figurative art.
"All the same", said Zazie, "you are not going to stop me from saying that this (pointing to the food) is disgusting".

Raymond Queneau
« Zazie dans le métro »

Zazie, petite provinciale insolente et indépendante qui vient passer quelques jours à Paris, chez son oncle Gabriel, fait la connaissance des habitants du quartier.

Elle rêve de prendre le métro, hélas il est en grève..

Dans ce passage, Gabriel et ses amis essaient de faire taire Zazie. Pourtant, en fins connaisseurs de la cuisine française, ils savent bien qu'elle a raison.

Zazie, goûtant au mets, déclara tout net que c'était de la merde. Le flicard, élevé par sa mère concierge dans une solide tradition de bœuf mironton, la rombière quant à elle experte en frites authentiques, Gabriel lui-même, bien qu'habitué aux nourritures étranges qu'on sert dans les cabarets, s'empressèrent de suggérer à l'enfant ce silence lâche qui permet aux gargotiers de corrompre le goût public sur le plan de la politique intérieure et, sur le plan de la politique extérieure, de dénaturer, à l'usage des étrangers, l'héritage magnifique que les cuisines de France ont reçu des Gaulois, à qui l'on doit, en outre, comme chacun sait, les braies, la tonnellerie et l'art non figuratif. «Vous m'empêcherez tout de même pas de dire, dit Zazie, que c'(geste) est dégueulasse.»

Raymond Queneau
«Zazie dans le métro»

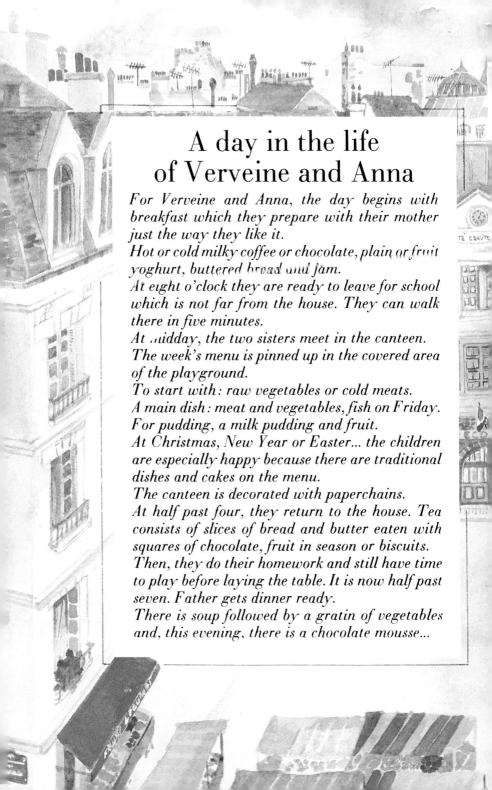

A day in the life
of Verveine and Anna

For Verveine and Anna, the day begins with breakfast which they prepare with their mother just the way they like it.

Hot or cold milky coffee or chocolate, plain or fruit yoghurt, buttered bread and jam.

At eight o'clock they are ready to leave for school which is not far from the house. They can walk there in five minutes.

At midday, the two sisters meet in the canteen. The week's menu is pinned up in the covered area of the playground.

To start with: raw vegetables or cold meats. A main dish: meat and vegetables, fish on Friday. For pudding, a milk pudding and fruit.

At Christmas, New Year or Easter... the children are especially happy because there are traditional dishes and cakes on the menu.

The canteen is decorated with paperchains.

At half past four, they return to the house. Tea consists of slices of bread and butter eaten with squares of chocolate, fruit in season or biscuits.

Then, they do their homework and still have time to play before laying the table. It is now half past seven. Father gets dinner ready.

There is soup followed by a gratin of vegetables and, this evening, there is a chocolate mousse...

La journée de Verveine et d'Anna

Pour Verveine et Anna, la journée commence par le petit déjeuner qu'elles préparent avec leur mère selon leur goût.

Café ou chocolat au lait, yaourt nature ou aux fruits, pain beurré et confiture.

A huit heures elles sont prêtes à partir pour l'école, elles y vont à pied en cinq minutes.

A midi, les deux sœurs se retrouvent à la cantine. Le menu de la semaine est affiché sous le préau.

Une entrée : salade ou charcuterie.

Un plat : viande et légumes (ou poisson).

Un dessert : laitage et fruit.

A l'approche des fêtes de Noël, de l'Épiphanie, de Pâques... les enfants se réjouissent car le menu annonce des plats et des pâtisseries traditionnels. La cantine est décorée de guirlandes.

A seize heures trente, elles sont de retour à la maison. Elles goûtent de tartines beurrées accompagnées de chocolat à croquer, de fruits de saison ou de biscuits.

Ensuite, elles font leurs devoirs et ont encore le temps de jouer avant de mettre le couvert. Il est près de dix-neuf heures trente. C'est le père qui a préparé le dîner.

La soupe est servie, suivie d'un gratin de légumes et, ce soir, il y a de la mousse au chocolat...

Pistou soup

1 1/4 lbs fresh unshelled beans
7 ozs French beans
2 carrots
2 potatoes
2 small courgettes
2 ripe tomatoes
A good handful of basil leaves
2 cloves of garlic
1/2 a glass of olive oil
2 good handfuls of flat noodles

Clean, shell, wash and cut up the beans, carrots, potatoes and courgettes with their skin. Pour 1 3/4 pints of salted water into a large pan. Put in the shelled beans and the carrots. After forty minutes add the French beans, the potatoes and the courgettes. After a further twenty minutes, when the vegetables are cooked, add the noodles. Meantime, crush the garlic and basil with a pestle and mortar, then the peeled, chopped, deseeded tomatoes. Keep beating this mixture while pouring on the olive oil. Pour the mixture into a soup bowl and pour the boiling soup on top. Cover for five minutes before serving.

La soupe au pistou

500 g de haricots à écosser
200 g de haricots mange-tout
2 carottes
2 pommes de terre
2 petites courgettes
2 tomates bien mûres
1 bonne poignée de feuilles de basilic
2 gousses d'ail
1 demi-verre d'huile d'olive
2 bonnes poignées de grosses pâtes

Éplucher, écosser, laver, couper haricots, carottes, pommes de terre, courgettes avec la peau. Dans une grande marmite, mettre deux litres d'eau salée. Y jeter les haricots écossés et les carottes ; au bout de quarante minutes, y mettre les haricots mange-tout, les pommes de terre et les courgettes. Au bout de vingt minutes, lorsque les légumes sont à point, y ajouter les pâtes.
Pendant ce temps, dans un mortier, vous aurez écrasé l'ail, le basilic, puis les tomates épluchées, épépinées, coupées en petits morceaux. Monter cette préparation en versant l'huile d'olive et en tournant sans arrêt avec une fourchette.
La verser dans une soupière, et ajouter la soupe brûlante. Couvrir cinq minutes et servir.

Breton fish soup

A selection of fillets of flat fish cut into cubes (plaice, lemon sole, "saint-pierre", turbot, sole... depending on your budget and what is available)
1 soupspoon of butter
2 medium sized onions
2 carrots
1 leak
1 soupspoon of chopped parsley, chives, mint, salt and pepper
1 3/4 pints of stock made from fish heads, eel, cod... ask your fishmonger.

Cook the fish heads in 3 1/2 pints of cold, salty water. Allow to simmer for twenty minutes. Meanwhile, take a casserole, melt the butter, and when it is hot but not burning put in the vegetables cut into small cubes with the herbs to brown.
Add the fish and cover with the strained fish stock. Cook for twenty minutes and serve with slices of toasted farmhouse bread.

Soupe de poisson bretonne

*Quelques filets de poissons plats coupés en cubes
(carrelet, limande, saint-pierre, turbot, sole...
selon vos moyens ou le cours du marché)
1 cuillère à soupe de beurre
2 oignons moyens
2 carottes
1 blanc de poireau
1 cuillère à soupe de persil, de ciboulette, de
menthe hachés, sel et poivre
1 litre de bouillon préparé avec des têtes de poisson
(congre, cabillaud... à demander au poissonnier).*

Mettre à cuire les têtes de poissons dans 2 litres
d'eau froide salée. Laisser frémir pendant vingt
minutes. Pendant ce temps, prendre une cocotte,
y faire revenir les légumes, coupés en petit dés
avec les herbes, dans le beurre chaud mais non
brûlé.
Ajouter le poisson et couvrir avec le bouillon
filtré. Laisser cuire vingt minutes et servir avec
des tranches de pain de campagne grillé.

Winter salad

9 ozs lamb's lettuce
1 cooked beetroot
2 sharp eating apples
A handful of fresh walnuts
A bowl of French vinaigrette dressing
4 soupspoons of walnut or peanut oil
1 soupspoon of cider, wine vinegar or lemon juice
Salt

Wash the leaves well and remove the ends covered in earth. Peel the apples and beetroot, and cut into small cubes. Pour lemon juice over the apples to stop them turning brown. Add the green walnuts and pour over the French dressing. Mix all well together and serve.

French vinaigrette dressing:
In a bowl mix salt, vinegar or lemon juice, then add the oil and stir vigorously.

Salade d'hiver

250 g de mâche
1 betterave rouge cuite
2 pommes de reinette
1 poignée de cerneaux de noix
1 bol de vinaigrette
4 cuillères à soupe d'huile de noix ou d'arachide
1 cuillère à soupe de vinaigre de cidre ou de vin,
ou 1 jus de citron, sel.

Bien laver la salade et enlever le bout terreux.
Éplucher les pommes et la betterave, et les
couper en petits carrés. Citronner les pommes
pour qu'elles ne noircissent pas. Ajouter les
cerneaux et verser la vinaigrette. Bien mélanger
et servir.

Vinaigrette:
Dans un bol, mélanger le sel et le vinaigre ou le
citron, puis ajouter l'huile et tourner vigoureu-
sement.

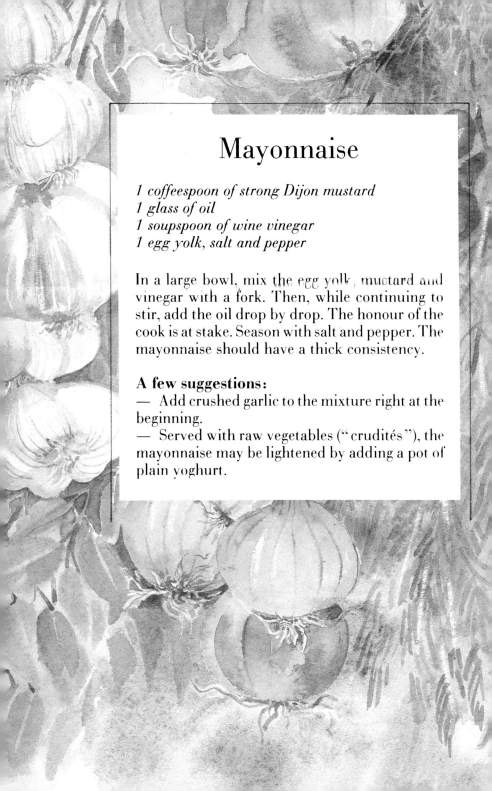

Mayonnaise

1 coffeespoon of strong Dijon mustard
1 glass of oil
1 soupspoon of wine vinegar
1 egg yolk, salt and pepper

In a large bowl, mix the egg yolk, mustard and vinegar with a fork. Then, while continuing to stir, add the oil drop by drop. The honour of the cook is at stake. Season with salt and pepper. The mayonnaise should have a thick consistency.

A few suggestions:
— Add crushed garlic to the mixture right at the beginning.
— Served with raw vegetables (" crudités "), the mayonnaise may be lightened by adding a pot of plain yoghurt.

Mayonnaise

1 cuillère à café de moutarde forte de Dijon
1 verre d'huile
1 cuillère à soupe de vinaigre de vin
1 jaune d'œuf, sel, poivre

Dans un grand bol, mélanger à la fourchette ou au batteur électrique le jaune d'œuf, la moutarde et le vinaigre. Puis, sans cesser de tourner, ajouter petit à petit l'huile. L'honneur de la cuisinière est en jeu. Saler et poivrer. La mayonnaise doit avoir une consistance épaisse.

Quelques fantaisies :
— Ajouter en début de préparation de l'ail écrasé.
— Avec des crudités, on peut alléger la mayonnaise en y incorporant un pot de yaourt nature.

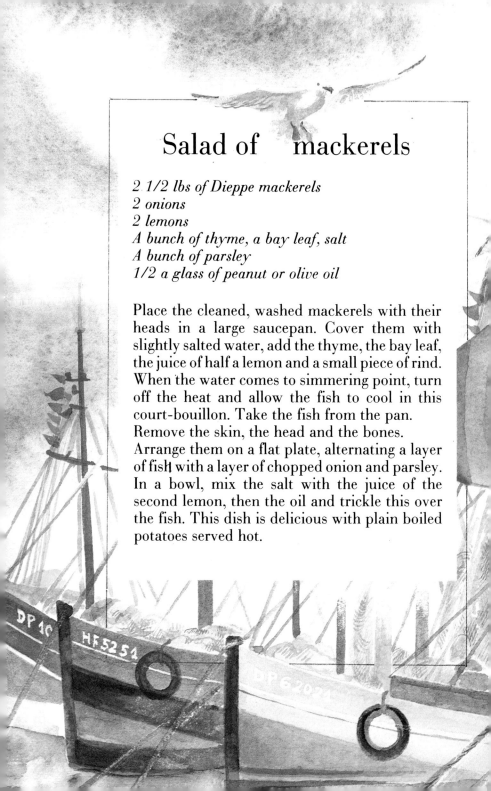

Salad of mackerels

2 1/2 lbs of Dieppe mackerels
2 onions
2 lemons
A bunch of thyme, a bay leaf, salt
A bunch of parsley
1/2 a glass of peanut or olive oil

Place the cleaned, washed mackerels with their heads in a large saucepan. Cover them with slightly salted water, add the thyme, the bay leaf, the juice of half a lemon and a small piece of rind. When the water comes to simmering point, turn off the heat and allow the fish to cool in this court-bouillon. Take the fish from the pan. Remove the skin, the head and the bones. Arrange them on a flat plate, alternating a layer of fish with a layer of chopped onion and parsley. In a bowl, mix the salt with the juice of the second lemon, then the oil and trickle this over the fish. This dish is delicious with plain boiled potatoes served hot.

Maquereaux en salade

1 kg de maquereaux de Dieppe
2 oignons
2 citrons
1 branche de thym, 1 feuille de laurier, sel
1 botte de persil
1/2 verre d'huile d'arachide ou d'olive

Mettre les maquereaux vidés, lavés avec leur tête dans une grande casserole. Les recouvrir d'eau froide légèrement salée, y ajouter le thym, le laurier, le jus d'un demi-citron et un petit morceau d'écorce.

Lorsque l'eau frémit, éteindre le feu, et laisser les poissons refroidir dans ce court-bouillon.

Sortir les poissons. Leur ôter la peau, la tête et les arêtes. Les disposer dans un plat creux, en alternant une couche de poisson avec une couche de hachis d'oignon et de persil.

Dans un bol, mélanger le sel avec le jus du deuxième citron puis l'huile, et arroser les poissons. C'est délicieux avec des pommes de terre chaudes cuites à la vapeur.

DP 28145

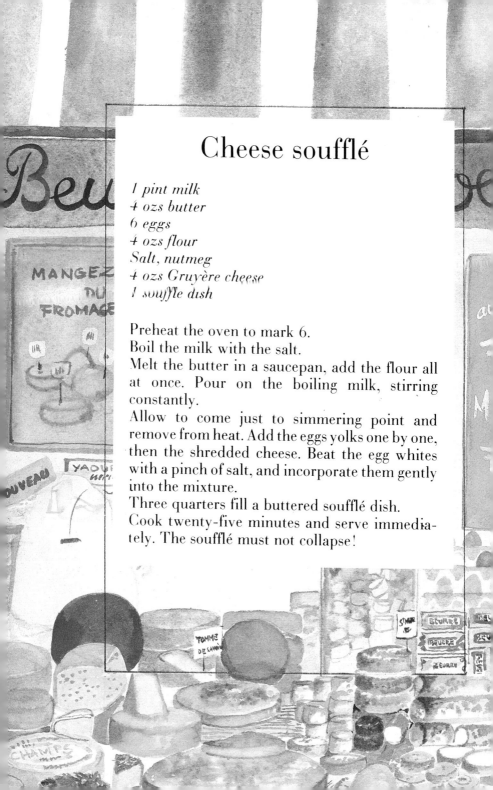

Cheese soufflé

1 pint milk
4 ozs butter
6 eggs
4 ozs flour
Salt, nutmeg
4 ozs Gruyère cheese
1 soufflé dish

Preheat the oven to mark 6.
Boil the milk with the salt.
Melt the butter in a saucepan, add the flour all at once. Pour on the boiling milk, stirring constantly.
Allow to come just to simmering point and remove from heat. Add the eggs yolks one by one, then the shredded cheese. Beat the egg whites with a pinch of salt, and incorporate them gently into the mixture.
Three quarters fill a buttered soufflé dish.
Cook twenty-five minutes and serve immediately. The soufflé must not collapse!

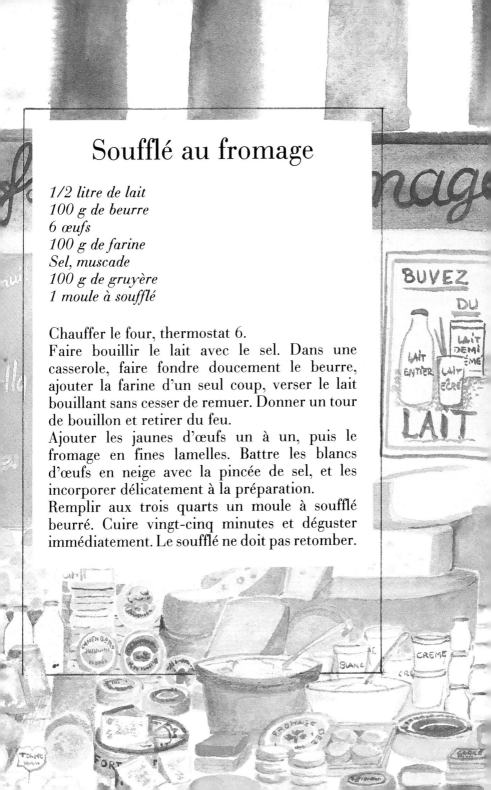

Soufflé au fromage

1/2 litre de lait
100 g de beurre
6 œufs
100 g de farine
Sel, muscade
100 g de gruyère
1 moule à soufflé

Chauffer le four, thermostat 6.

Faire bouillir le lait avec le sel. Dans une casserole, faire fondre doucement le beurre, ajouter la farine d'un seul coup, verser le lait bouillant sans cesser de remuer. Donner un tour de bouillon et retirer du feu.

Ajouter les jaunes d'œufs un à un, puis le fromage en fines lamelles. Battre les blancs d'œufs en neige avec la pincée de sel, et les incorporer délicatement à la préparation.

Remplir aux trois quarts un moule à soufflé beurré. Cuire vingt-cinq minutes et déguster immédiatement. Le soufflé ne doit pas retomber.

Roasted sea bream

Serves four

2 1/4 lbs sea bream, either 1 large or several small ones
3 tomatoes
3 onions
1 glove of garlic, 1 bunch of parsley
1 fennel leaf or 1 coffeespoon of fennel seeds
2 soupspoons of olive oil, salt and pepper

Preheat the oven to mark 7.
Ask your fishmonger to scale and clean the fish.
Make diagonal slashes in the sides of the fish.
Insert the fennel and a few slices of lemon into the body cavity of the fish, and a few others into the sides. Salt and pepper them. Cut the tomatoes in half and deseed them. Scatter salt, chopped parsley and garlic over. Arrange them around the fish together with finely sliced onion rings. Pour over the oil and cook for thirty minutes, rather less if the fish are small.

Daurade rôtie

Recette pour 4 personnes

1 kg de daurade, 1 grosse ou plusieurs petites
3 tomates
3 oignons
1 gousse d'ail, 1 bouquet de persil
1 branche de fenouil ou 1 cuillère à café de grains
de fenouil
2 cuillères à soupe d'huile d'olive, sel et poivre

Chauffer le four, thermostat 7.
Demander au poissonnier d'écailler et de vider les poissons. Pratiquer des entailles obliques sur les côtés.
Glisser le fenouil et quelques rondelles de citron dans le ventre du poisson, et quelques autres dans les entailles. Saler et poivrer. Couper les tomates en deux, les épépiner et les parsemer de hachis de persil et d'ail; saler. Les disposer autour du poisson avec de fines rondelles d'oignons. Arroser d'huile et cuire trente minutes, un peu moins si les poissons sont petits.

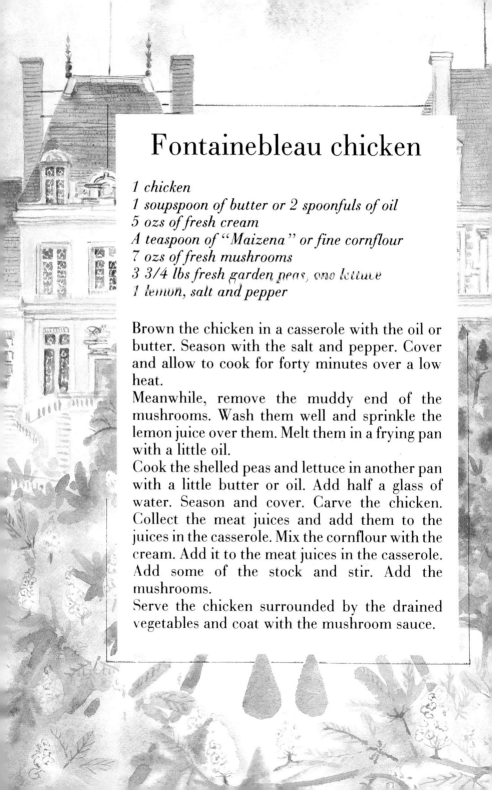

Fontainebleau chicken

1 chicken
1 soupspoon of butter or 2 spoonfuls of oil
5 ozs of fresh cream
A teaspoon of "Maizena" or fine cornflour
7 ozs of fresh mushrooms
3 3/4 lbs fresh garden peas, one lettuce
1 lemon, salt and pepper

Brown the chicken in a casserole with the oil or butter. Season with the salt and pepper. Cover and allow to cook for forty minutes over a low heat.

Meanwhile, remove the muddy end of the mushrooms. Wash them well and sprinkle the lemon juice over them. Melt them in a frying pan with a little oil.

Cook the shelled peas and lettuce in another pan with a little butter or oil. Add half a glass of water. Season and cover. Carve the chicken. Collect the meat juices and add them to the juices in the casserole. Mix the cornflour with the cream. Add it to the meat juices in the casserole. Add some of the stock and stir. Add the mushrooms.

Serve the chicken surrounded by the drained vegetables and coat with the mushroom sauce.

Poulet fontainebleau

1 poulet
1 cuillère à soupe de beurre ou 2 cuillères d'huile
150 g de crème fraîche
1 cuillère à café de maïzena ou farine fine de maïs
200 g de champignons de Paris
1,5 kg de petits pois, 1 laitue
1 citron, sel et poivre

Faire dorer le poulet dans une cocotte avec l'huile ou le beurre, saler, poivrer. Couvrir et laisser cuire quarante minutes à feu doux.

Pendant ce temps, couper le bout terreux des champignons. Bien les laver et les arroser du jus de citron. Les faire fondre dans une poêle avec un peu d'huile.

Faire cuire dans une autre casserole les petits pois écossés avec la laitue et un peu de beurre ou d'huile. Ajouter 1/2 verre d'eau. Saler et couvrir.

Découper le poulet. Recueillir le jus de découpage et l'ajouter au jus de cuisson dans la cocotte. Délayer la maïzena avec la crème. La verser dans la cocotte avec le jus du poulet et donner un tour de bouillon en remuant. Y mettre les champignons.

Présenter le poulet entouré des légumes égouttés et arrosé avec la sauce aux champignons.

Guinea fowl with " cèpes "

2 guinea fowl
1 lb 10 ozs cèpes (mushrooms)
1 large glass dry white wine
1 small glass marc brandy or Cognac
12 ozs white grapes
1/4 glass peanut oil
3 shallots, salt and pepper

Gently soften the shallots taking care they do not brown. Add the mushrooms after having washed them and separated stems from caps. Allow them to cook for ten minutes. Remove half to make the stuffing for the guinea fowl. Sew up the fowl and fasten.

In a casserole, put the rest of the oil and brown the guinea fowl all over. Then moisten with the brandy, season with salt and pepper, add the white wine and cook, covered, for about an hour. Now, wash the grapes and remove the skin. When the guinea fowl are cooked, add the grapes and the remainder of the mushrooms. Cook for ten minutes and serve the fowl, carved and surrounded by the grapes, mushrooms and sauce.

Pintade aux cèpes

2 pintades
750 g de cèpes
1 grand verre de vin blanc sec
1 petit verre de marc de Bourgogne ou de cognac
300 g de raisins blancs
1/4 de verre d'huile d'arachide
3 échalotes, sel et poivre

Faire fondre doucement les échalotes, elles ne doivent pas prendre couleur. Ajouter les cèpes après les avoir nettoyés et avoir séparé les pieds des chapeaux. Laisser cuire dix minutes. En prélever la moitié pour farcir les pintades. Les coudre et les ficeler.

Dans la cocotte, mettre le reste d'huile et faire dorer les pintades de tous côtés. Ensuite, mouiller avec le marc, saler, poivrer, ajouter le vin blanc et laisser cuire une petite heure à couvert. Maintenant, laver les raisins et ôter la peau. Lorsque les pintades sont à point, ajouter les raisins et le reste de cèpes. Laisser cuire dix minutes et servir les volailles découpées, entourées des raisins et des cèpes, arrosées de sauce.

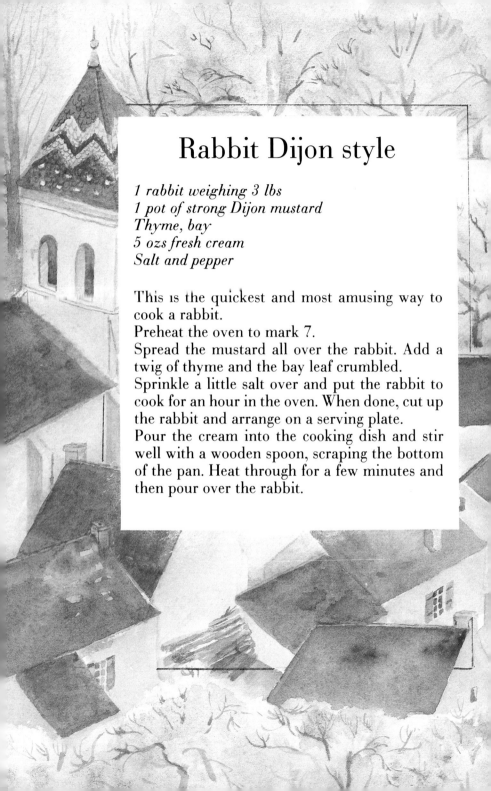

Rabbit Dijon style

1 rabbit weighing 3 lbs
1 pot of strong Dijon mustard
Thyme, bay
5 ozs fresh cream
Salt and pepper

This is the quickest and most amusing way to cook a rabbit.
Preheat the oven to mark 7.
Spread the mustard all over the rabbit. Add a twig of thyme and the bay leaf crumbled.
Sprinkle a little salt over and put the rabbit to cook for an hour in the oven. When done, cut up the rabbit and arrange on a serving plate.
Pour the cream into the cooking dish and stir well with a wooden spoon, scraping the bottom of the pan. Heat through for a few minutes and then pour over the rabbit.

Lapin à la dijonnaise

1 lapin de 3 livres
1 pot de moutarde forte de Dijon
Thym, laurier
150 g de crème fraîche
Sel et poivre

Chauffer le four, thermostat 7.
Voici la façon la plus rapide et la plus amusante de faire le lapin.
Tartiner le lapin entier avec toute la moutarde. Ajouter une branche de thym et une feuille de laurier émiettée. Saler légèrement et mettre à cuire une heure dans le four. Lorsque le lapin est cuit, le découper et le disposer sur le plat de service.
Verser la crème dans le plat de cuisson et bien remuer le fond avec la cuillère en bois. Faire chauffer quelques minutes et verser la sauce sur le lapin.

Pork with garlic

2 1/4 lbs roasting pork
2 onions
Thyme, bay, sage, salt and pepper
1 head of garlic, 1 glass of water
1/2 glass dry white wine

Heat the oven to mark 6.
Slice two cloves of garlic finely and stick these
into the meat. Season with salt and pepper.
Place in the oven and turn from time to time so
as to brown the meat on all sides. Add the
remaining cloves of garlic with their skin, the
onion cut into slices and the aromatic herbs.
Moisten with the white wine, and allow to cook
for an hour. Serve with vegetables in season.

Porc à l'ail

1 kg de porc à rôtir
2 oignons
Thym, laurier, sauge, sel, poivre
1 tête d'ail, 1 verre d'eau
1/2 verre de vin blanc sec

Chauffer le four, thermostat 6.
Dans un plat allant au four, mettre le rôti piqué de deux gousses d'ail épluchées et coupées en tranches fines. Saler et poivrer.
Mettre dans le four et tourner le rôti de temps en temps afin qu'il soit doré de tous côtés. Ajouter alors les gousses d'ail restantes avec leur peau, les oignons coupés en morceaux et les aromates. Mouiller avec l'eau et le vin blanc, et laisser cuire une heure. Servir avec des légumes de saison.

Gratin de courgettes

2 1/4 lbs of small courgettes
4 ozs of grated Gruyère cheese
A pinch of nutmeg, salt
For the Bechamel sauce:
About 1 pint milk
1 soupspoon flour
1 soupspoon butter

Heat the oven to mark 7.
Wash the courgettes, cut off the two ends. Leaving their skin on, cut them into 1/4" slices. Cook in lightly salted boiling water. When they are cooked, drain them over a plate and keep the cooking liquid.
For the Bechamel sauce, melt the butter in a saucepan, add the flour all at once, then the liquid in which the courgettes were cooked. Stir constantly until the mixture boils and the white sauce thickens.
Away from the heat, add the grated cheese and grated nutmeg. Place the courgettes and the sauce in an ovenproof dish. Scatter grated cheese over the top and place in the oven for fifteen minutes until golden.

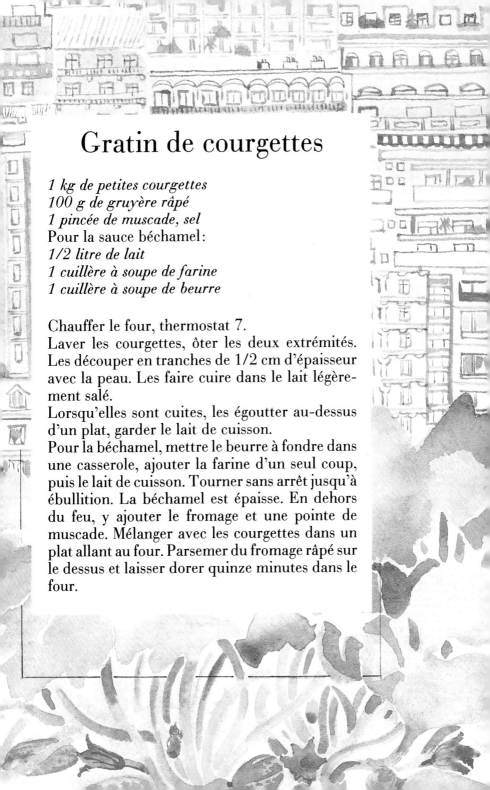

Gratin de courgettes

1 kg de petites courgettes
100 g de gruyère râpé
1 pincée de muscade, sel
Pour la sauce béchamel :
1/2 litre de lait
1 cuillère à soupe de farine
1 cuillère à soupe de beurre

Chauffer le four, thermostat 7.
Laver les courgettes, ôter les deux extrémités.
Les découper en tranches de 1/2 cm d'épaisseur
avec la peau. Les faire cuire dans le lait légèrement salé.
Lorsqu'elles sont cuites, les égoutter au-dessus
d'un plat, garder le lait de cuisson.
Pour la béchamel, mettre le beurre à fondre dans
une casserole, ajouter la farine d'un seul coup,
puis le lait de cuisson. Tourner sans arrêt jusqu'à
ébullition. La béchamel est épaisse. En dehors
du feu, y ajouter le fromage et une pointe de
muscade. Mélanger avec les courgettes dans un
plat allant au four. Parsemer du fromage râpé sur
le dessus et laisser dorer quinze minutes dans le
four.

Chocolate mousse

9 ozs dark eating chocolate
3 ozs butter, or 3 generous soupspoons of fresh cream
3 eggs
3 soupspoons of castor sugar
A pinch of salt, 2 soupspoonfuls of water
1 orange

Break the chocolate into pieces and melt in a basin in a "bain-marie". Mix with a wooden spoon to obtain a smooth mixture. Remove the basin from the "bain-marie" and add the egg yolks one by one with the butter or fresh cream. Whip the egg whites with a pinch of salt until they are firm, then gently blend them into the chocolate mixture. Put in the refrigerator for at least two hours. If liked, grated orange rind may be added to flavour the mixture.

This mousse can also be turned into a delicious chocolate cake. All you have to do is to add 2 soupspoonfuls of flour. Turn the mixture into a greased and floured tin and cook in a moderate oven, mark 5.

Mousse au chocolat

250 g de chocolat noir à croquer
75 g de beurre, ou 3 grosses cuillères à soupe de
crème fraîche
3 œufs
3 cuillères à soupe de sucre en poudre
1 pincée de sel, 2 cuillères à soupe d'eau
1 orange

Faire fondre le chocolat cassé en morceaux avec l'eau dans une jatte au bain-marie. Mélanger à la cuillère en bois pour obtenir une pâte lisse. Oter la jatte du bain-marie et ajouter les jaunes d'œufs un par un ainsi que le beurre ou la crème et le sucre. Battre les blancs en neige très ferme avec la pincée de sel, et les incorporer délicatement à la préparation. Mettre au réfrigérateur deux heures minimum et, pour parfumer à l'orange, rajouter à cette préparation le zeste du fruit.

On peut aussi faire un délicieux gâteau au chocolat avec cette mousse. Il suffit alors d'ajouter 2 bonnes cuillères de farine, de beurrer et fariner un moule dans lequel on verse cette pâte et de faire cuire à four doux, 5 au thermostat.

Apple cake

3 heaped soupspoons of flour
3 heaped soupspoons of castor sugar
1 pot of plain yoghurt
1 egg
1/3 of a sachet of baking powder
1 sachet of vanilla flavoured sugar
The juice and grated rind of 1 lemon
2 1/4 lbs of cooking apples
1 soupspoon of butter

Preheat the oven to mark 7.
Put the apples, peeled, cored and cut into pieces
into an ovenproof dish. Pour over the lemon
juice. Mix the other ingredients in a bowl and
spread over the apples. Scatter dabs of butter
over the top and bake for forty five minutes.
This cake is best eaten cold.

Gâteau aux pommes

3 grosses cuillères à soupe de farine
3 grosses cuillères à soupe de sucre en poudre
1 pot de yaourt nature
1 œuf
1/3 de sachet de levure chimique
1 sachet de sucre vanillé
1 jus de citron et le zeste râpé
1 kg de pommes de reinette
1 cuillère à soupe de beurre

Chauffer le four, thermostat 7.
Dans un plat allant au four, mettre les pommes
épluchées, épépinées et coupées en morceaux.
Arroser du jus de citron. Mélanger les autres
ingrédients dans une terrine et verser ensuite sur
les pommes. Parsemer le dessus de petits morceaux de beurre et cuire quarante-cinq minutes.
Ce gâteau est meilleur froid.

Puff pastry

20 ozs flour
12 ozs sugar
A pinch of salt, a glass of water
1 egg yolk for glazing

In a large bowl, mix together with your fingertips the flour, a soupspoonful of butter, the salt and water.
Cut the pastry into two to reduce elasticity. Form into a ball and place in the bottom of the refrigerator for twenty minutes. Flour a board or working space and roll out the pastry to a thickness of 1/2". Place the butter, which should be of the same consistency as the pastry, in the centre. Fold the two ends, one on top of the other, and press down with the rolling pin to fasten. Then fold over the other two sides to seal in the butter.
Repeat this operation three times, rolling out the pastry before folding it up and allow to "rest" in the bottom of the refrigerator after each rolling.

This pastry may also be used for vegetable, cheese or fruit tarts, pies, pastries, croissants and "pains au chocolat"...

Pâte feuilletée

500 g de farine
400 g de sucre
1 pincée de sel, 1 verre d'eau
1 jaune d'œuf pour dorer

Dans un saladier, mélanger du bout des doigts la farine, une cuillère à soupe de beurre, le sel et l'eau.

Couper la pâte en croix pour ôter l'élasticité. Faire une boule et la mettre vingt minutes au bas du réfrigérateur. Fariner la table et, avec le rouleau, étaler la pâte sur 1 cm d'épaisseur. Mettre le beurre au centre, il doit avoir la même consistance que la pâte. Replier deux côtés l'un sur l'autre et appuyer avec le rouleau pour coller. Rabattre ensuite les deux autres côtés ; le beurre est enfermé.

Recommencer trois fois l'opération en étalant la pâte avant de la replier, et la laisser chaque fois vingt minutes au bas du réfrigérateur. Allumer le four, thermostat 6.

Cette pâte peut aussi être utilisée pour des tartes aux légumes, au fromage, aux fruits, des tourtes et des pâtisseries, croissants, pains au chocolat.

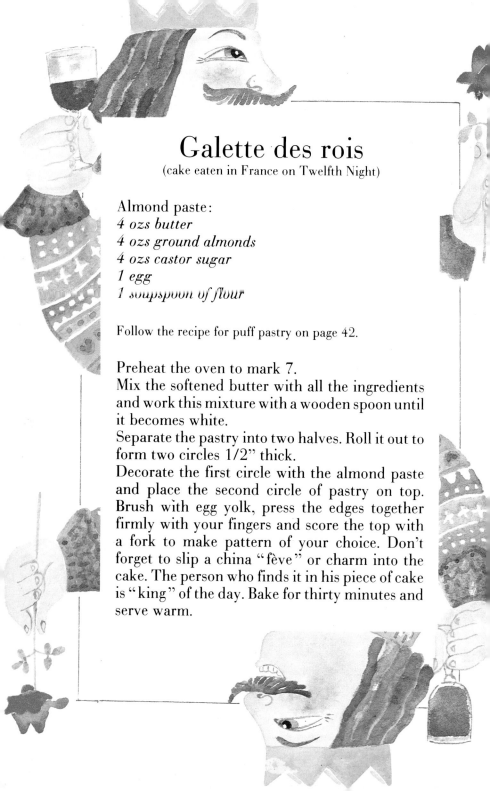

Galette des rois
(cake eaten in France on Twelfth Night)

Almond paste:
4 ozs butter
4 ozs ground almonds
4 ozs castor sugar
1 egg
1 soupspoon of flour

Follow the recipe for puff pastry on page 42.

Preheat the oven to mark 7.
Mix the softened butter with all the ingredients and work this mixture with a wooden spoon until it becomes white.
Separate the pastry into two halves. Roll it out to form two circles 1/2" thick.
Decorate the first circle with the almond paste and place the second circle of pastry on top. Brush with egg yolk, press the edges together firmly with your fingers and score the top with a fork to make pattern of your choice. Don't forget to slip a china "fève" or charm into the cake. The person who finds it in his piece of cake is "king" of the day. Bake for thirty minutes and serve warm.

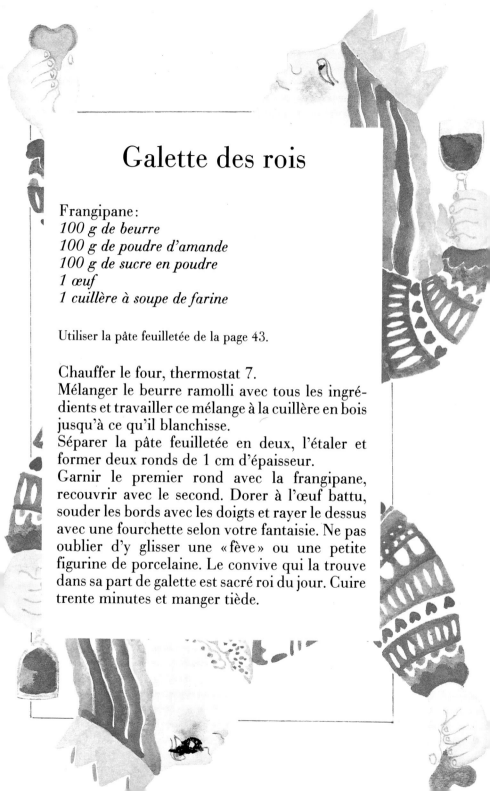

Galette des rois

Frangipane :
100 g de beurre
100 g de poudre d'amande
100 g de sucre en poudre
1 œuf
1 cuillère à soupe de farine

Utiliser la pâte feuilletée de la page 43.

Chauffer le four, thermostat 7.
Mélanger le beurre ramolli avec tous les ingrédients et travailler ce mélange à la cuillère en bois jusqu'à ce qu'il blanchisse.
Séparer la pâte feuilletée en deux, l'étaler et former deux ronds de 1 cm d'épaisseur.
Garnir le premier rond avec la frangipane, recouvrir avec le second. Dorer à l'œuf battu, souder les bords avec les doigts et rayer le dessus avec une fourchette selon votre fantaisie. Ne pas oublier d'y glisser une «fève» ou une petite figurine de porcelaine. Le convive qui la trouve dans sa part de galette est sacré roi du jour. Cuire trente minutes et manger tiède.

An Easter lunch

Seafood platter
Gigot of lamb
Gratin Dauphinois
Festive strawberry cake

———

Champagne

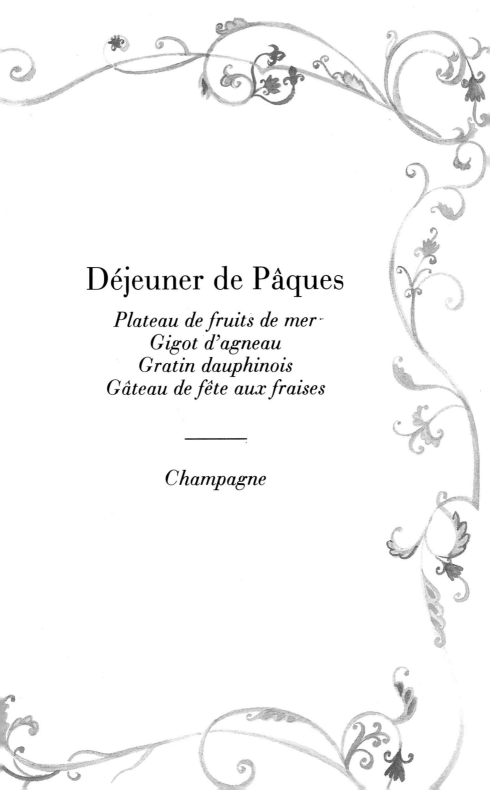

Déjeuner de Pâques

Plateau de fruits de mer
Gigot d'agneau
Gratin dauphinois
Gâteau de fête aux fraises

————

Champagne

Gigot of lamb

1 gigot weighing 3 3/4 lbs
Laurel, thyme, rosemary
Salt, pepper, a clove of garlic
2 ozs butter

Preheat the oven to mark 6.
Stick slivers of garlic into the gigot.
Brown the gigot on all sides.
Salt, pepper and scatter the herbs around the meat.
Add half a glass of water.
After an hour or so, when the gigot is done, turn off the oven and leave the meat to "relax" for a few minutes in the oven.
Carve on a board and save the meat juices.
Dissolve the juices remaining in the pan with a spoonful of hot water and the butter. Serve with green beans or other vegetables in season.

Gigot d'agneau

1 gigot de 1,5 kg
Laurier, thym, romarin
Sel, poivre, 1 gousse d'ail
50 g de beurre

Chauffer le four, thermostat 6.
Piquer le gigot d'ail coupé très fin.
Faire dorer le gigot de tous côtés.
Saler, poivrer et déposer les herbes autour de la viande. Ajouter un demi-verre d'eau
Lorsque le gigot est à point, au bout d'une heure, éteindre le four et laisser gonfler la viande quelques minutes. Découper sur une planche et recueillir le jus.
Déglacer le jus du plat de cuisson avec une cuillère d'eau chaude et le beurre.
Servir avec des haricots verts ou des légumes de saison.

French beans Provençal style

2 1/4 lbs French beans
3 tomatoes
4 onions
2 soupspoons of olive oil
Thyme, bay, a clove of garlic, salt

Top and tail the beans and cut them into diagonal slices with a sharp knife. Wash them. In a casserole, brown the peeled tomatoes (to peel tomatoes, plunge them into boiling water for three minutes) with the onions, olive oil and garlic.
Add the prepared French beans and herbs, and cover. Cook over a low heat for forty minutes.
An excellent dish to accompany all roasts.

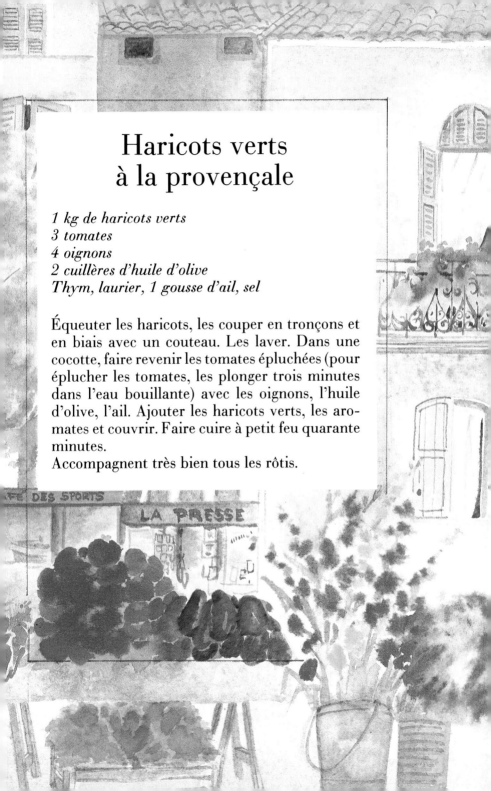

Haricots verts
à la provençale

1 kg de haricots verts
3 tomates
4 oignons
2 cuillères d'huile d'olive
Thym, laurier, 1 gousse d'ail, sel

Équeuter les haricots, les couper en tronçons et en biais avec un couteau. Les laver. Dans une cocotte, faire revenir les tomates épluchées (pour éplucher les tomates, les plonger trois minutes dans l'eau bouillante) avec les oignons, l'huile d'olive, l'ail. Ajouter les haricots verts, les aromates et couvrir. Faire cuire à petit feu quarante minutes.
Accompagnent très bien tous les rôtis.

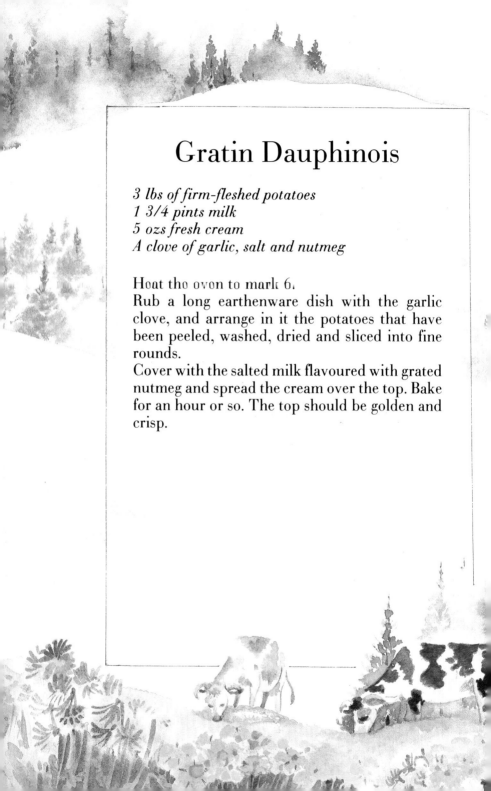

Gratin Dauphinois

3 lbs of firm-fleshed potatoes
1 3/4 pints milk
5 ozs fresh cream
A clove of garlic, salt and nutmeg

Heat the oven to mark 6.
Rub a long earthenware dish with the garlic clove, and arrange in it the potatoes that have been peeled, washed, dried and sliced into fine rounds.
Cover with the salted milk flavoured with grated nutmeg and spread the cream over the top. Bake for an hour or so. The top should be golden and crisp.

Gratin dauphinois

3 livres de pommes de terre à chair ferme
1 litre de lait
150 g de crème fraîche
1 gousse d'ail, sel et muscade

Chauffer le four, thermostat 6.
Dans un plat long en terre frotté d'ail, disposer
les pommes de terre épluchées, lavées, essuyées,
coupées en rondelles.
Recouvrir avec le lait salé aromatisé d'une pointe
de muscade râpée, et disposer la crème sur le
dessus. Cuire une heure environ. Il faut que le
dessus soit doré et croustillant.

Festive strawberry cake

1 1/4 lbs strawberries
4 eggs
4 1/2 ozs of potato starch flour
9 ozs castor sugar
1 lemon
7 ozs thick fresh cream chilled
A pinch of salt

Preheat the oven to mark 6.
Beat the egg yolks with the sugar in a bowl until the mixture becomes white. Add the grated rind and juice of half a lemon, then the potato flour. Stir the mixture with a wooden spoon.
Whisk the egg whites until stiff, adding a pinch of salt, and stir them gently into the mixture.
Three quarters fill a greased tin. Bake for twenty minutes.
Whip the chilled cream with two spoonfuls of cold water and two spoonfuls of castor sugar.
Slice the cooled cake into three rounds.
Decorate the first with a third of the cream and sliced strawberries, then the second, placed on top, with the second third of cream and strawberries, and finally the third round.
Decorate with the remainder of the cream and the strawberries arranged to form a crown.

Gâteau de fête aux fraises

500 g de fraises
4 œufs
125 g de fécule
250 g de sucre en poudre
1 citron
200 g de crème fraîche épaisse
1 pincée de sel

Chauffer le four thermostat 6.
Dans un saladier, fouetter les jaunes d'œufs avec
le sucre jusqu'à ce qu'ils blanchissent, ajouter le
zeste et le jus d'un demi-citron, puis la fécule.
Travailler la pâte à la cuillère en bois. Battre les
blancs d'œufs en neige très ferme avec une
pincée de sel. Les incorporer délicatement à la
pâte. Remplir aux trois quarts un moule rond,
beurré. Cuire trente minutes. Fouetter la crème
bien froide avec deux cuillerées d'eau froide et
deux cuillerées de sucre en poudre.
Découper le biscuit refroidi en trois rondelles.
Garnir la première rondelle avec un tiers de la
crème et des morceaux de fraises, puis la
deuxième, posée par-dessus, avec le deuxième
tiers de crème et des fraises, et enfin la troisième.
Décorer avec le reste de crème et les fraises
disposées en couronne.

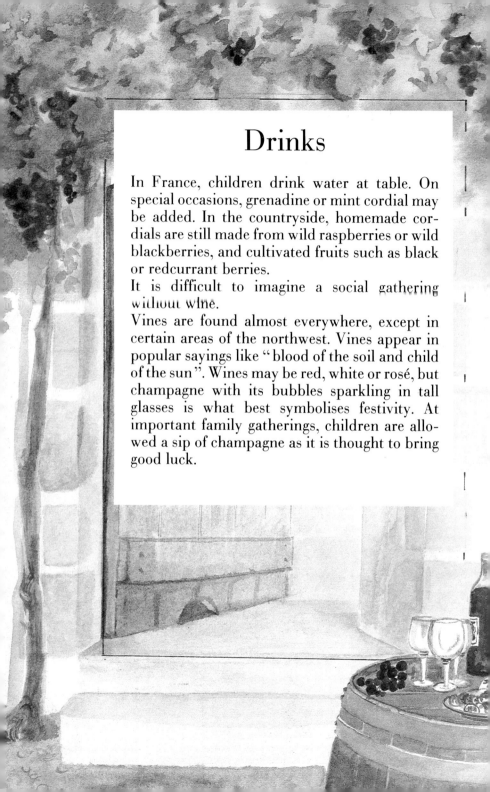

Drinks

In France, children drink water at table. On special occasions, grenadine or mint cordial may be added. In the countryside, homemade cordials are still made from wild raspberries or wild blackberries, and cultivated fruits such as black or redcurrant berries.

It is difficult to imagine a social gathering without wine.

Vines are found almost everywhere, except in certain areas of the northwest. Vines appear in popular sayings like "blood of the soil and child of the sun". Wines may be red, white or rosé, but champagne with its bubbles sparkling in tall glasses is what best symbolises festivity. At important family gatherings, children are allowed a sip of champagne as it is thought to bring good luck.

Boissons

En France, les enfants boivent de l'eau à table.
Dans certaines occasions, on y ajoute du sirop de
grenadine ou de menthe. A la campagne, on
fabrique encore des sirops de baies sauvages,
framboises ou mûres de ronces; de baies culti-
vées, cassis ou groseilles.

Il est difficile d'imaginer une réunion amicale
autour d'une table sans que les convives aient
devant eux quelque bouteille de vin.

Partout, à l'exception des régions du Nord-
Ouest, la vigne est présente dans le paysage. Les
vins apparaissent dans les dictons populaires
comme « sang de la terre et fils du soleil ». Ils sont
rouges, blancs, rosés, mais c'est le champagne,
avec ses bulles, pétillant dans les flûtes, qui
symbolise le mieux les réjouissances. Ce champagne porte-bonheur, les enfants y tremperont
les lèvres lors des grandes fêtes familiales.

Raspberry cordial

2 1/4 lbs of raspberries for approx. 1 lb of juice
1 1/2 lbs crystallized sugar
4 ozs water

Remove stalks, then pass the raspberries through
a vegetable mill without washing them.
Put the purée obtained in a hollow earthenware
or glass plate and leave to macerate for a least
forty-eight hours in a cool place but not in the
refrigerator.
Then filter the fruit juice through a cloth. Boil
the sugar in the water in a large sized pan; when
it beads, extinguish the heat and add the rasp-
berry juice.
Stir with a very clean wooden spoon and pour
into bottles while still warm. Cork when the juice
is cold. This drink will keep for several months
if kept in a cool, shady place.

Sirop de framboise

1 kg de framboises pour 500 g de jus environ
750 g de sucre cristallisé
100 g d'eau

Équeuter et passer les framboises au moulin à légumes, sans les laver.

Mettre la purée obtenue dans un plat creux en terre ou en verre et laisser macérer au moins quarante-huit heures au frais mais pas dans le réfrigérateur.

Filtrer ensuite le jus dans un linge.

Faire cuire le sucre avec 100 g d'eau dans une bassine à bords larges ; lorsqu'il perle, éteindre le feu et verser le jus de framboise. Remuer à la cuillère en bois très propre et mettre tiède en bouteille. Boucher lorsque le jus est froid.

Peut se garder plusieurs mois, à l'abri de la lumière.

May Angeli was born at Clichy, a suburb of Paris, of a French mother and Czech father. After her training at the École des Métiers d'Art in Paris, she illustrated a number of children's books in France and has for many years too in Tunisia, a country which draws to it and reflects the light and contrasts of cultures.

She has held several exhibitions of watercolours and wood engravings.

While in Tunisia, May Angeli designed the costumes and decor for a giant puppet show, *the Hilalian Epic*.

As a member of the Book Tree Association, she has played an active part in creating the multi-cultural "l'Arbre aux Accents" (The Accents Tree) collection.

Née à Clichy, dans la banlieue parisienne, d'une mère française et d'un père tchécoslovaque, May Angeli fait ses études à l'École des métiers d'art à Paris.

Plusieurs expositions d'aquarelles, dessins et gravures sur bois à Paris et en Tunisie.

Nombreuses illustrations de livres pour enfants.

May Angeli a également collaboré à un spectacle de marionnettes géantes, *la Geste hilalienne*, en Tunisie, pour lequel elle a réalisé les costumes et les décors. Depuis quelques années, May Angeli collabore à la recherche multiculturelle de l'association des Amis de l'Arbre à Livres.

Maquette de couverture : Gérard Lo Monaco

Nᵒ éditeur : 627

Achevé d'imprimer par
LITOPRINT, S.A. Fuenlabrada (Madrid)
au 1ᵉʳ trimestre 1991
IMPRIMÉ EN ESPAGNE